Katrin Lammert

Über das LEBEN ohne Tod

Teil 5 der Schriftenreihe aus dem
Cosmic Consciousness

Bibliografische Information der Deutschen
Nationalbibliothek:
Die Deutsche Nationalbibliothek verzeichnet diese
Publikation in der Deutschen Nationalbibliografie;
detaillierte bibliografische Daten sind im Internet
über <http://dnb.de> abrufbar.
© 2020 Katrin Lammert
Herstellung und Verlag: BoD - Books on Demand,
Norderstedt

ISBN: 978-3-750493551

Hinweis: Der Buchstabe ´ß´ wird in diesem Buch nicht
verwendet.

Weitere Titel dieser Reihe :

Über die LIEBE
Über Manifestation, Heilen und HEILUNG
Über den Spirituellen LEHRER
Über Geld und REICHTUM

Die Autorin: geb. 1970, eine Tochter

Internet-Blogs:

aktuell: Blog meinatlantis - seit 2018
Blog *KatiLa´s Weltbetrachtung* - September 2016 - Herbst 2017
Blog *Just writing!* - von 2012 bis Frühjahr 2016

Bisherige Veröffentlichungen seit 2007 per BoD:

meinatlantis - Die Wirklichkeit hinter dem Begriff "Dualseelen"- Reloaded (2020)
Sanft wie Schafe II - Auf der Suche nach Menschen mit Cosmic Consciousness (2020)
Alltägliche Merksätze für Inneren Frieden (2019)
Dualseelengedichte - (2017)
meinatlantis - das Original (2017)
Mein Blog: Just writing! - Das Buch (2017)
Die Göttliche Beziehung (2015)
Beyond Dunbury – Roman (2014)
SOS hilfreiche Gedanken für Dualseelen (2014)

unter dem Pseudonym Cathérine Cordero:

Im Herzen Löwen - *Interview mit einer Dualseele* (2010)
Seelenseen. *Gedichte II* (2008)
Sanft wie Schafe - *Eine wahre Dualseelengeschichte* (2008)
Heimatlose Welten. *Meine Gedichte* (2007)

Vorwort

Der Mensch ist aufgrund seines Menschseins von GOTT aufgerufen, höhere Seinszustände zu verwirklichen.

Das bedeutet, es ist seine Bestimmung, ein höheres Bewusstsein zu erklimmen - und nicht immer und immer wieder als Raupe auf der Erde umherzukriechen. Leider ist das den allerwenigsten Menschen auf der Erde präsent. Die meisten hier verlassen ihre Inkarnation, wie sie geboren wurden: nie etwas hinterfragt habend, nie sich selbst erkannt habend, und niemals sind sie ihrem GOTT begegnet. Das Menschenbild, das uns zeitlebens eingetrichtert wird, ist ein sehr niedriges, abwertendes, und es bedarf der bewussten, gründlichen Korrektur. Wenn wir das Thema LEBEN und irdischer Tod verstehen wollen, müssen wir im gleichen Atemzuge diese Korrektur vornehmen. Dann ergibt alles einen neuen SINN.

In meiner Arbeit ist es mir seit jeher vorrangig wichtig, über selbst erlebte Erfahrungen zu berichten. Dieses Thema jedoch erfordert naturgemäss einen gewissen Anteil an Schlussfolgerungen und auch Spekulationen, denn niemand, der diese Erde verlassen hat, kann *als dieselbe Person* noch darüber berichten.

Entweder reinkarniert derjenige als neue Person-a, oder aber er oder sie verlässt diese Bewusstseinszone glücklich für allezeit. Doch wir greifen vor. All dies soll im vorliegenden Büchlein genauer in Augenschein genommen werden.

Ein jeder Leser, ein jeder Mensch ist aufgerufen, sich eigene Gedanken abseits der Norm zu machen und sie anhand eigener, selbst erlebter Erfahrungen oder zumindest eigener Beobachtungen zu verifizieren bzw. eigene Schlussfolgerungen zu ziehen.

Hier noch der übliche Hinweis:

Wie immer übernehme ich keinerlei Verantwortung für Handlungen, zu denen sich die Leser meiner Bücher nach Lektüre motiviert fühlen. Ich verweise auf eure Eigenverantwortung.

Das irrtümliche Bild des irdischen Menschen

Uns fallen sogleich die üblichen uns vorgegebenen Sprüchlein und Behauptungen ein: Der Mensch ist ein nichtiger Wurm, der wieder zu Asche und Staub wird, ein flüchtiger Gast auf der Erde, man[1] lebt nur einmal, Leben ist zufällig und planlos, man muss ja doch am Ende sterben, Christen kommen nach dem Tod automatisch in den Himmel, Esoteriker sind ganz alte Seelen, die schon tausend Mal inkarniert und daher besonders weise sind, usw. All dies sind: Irrtümer.

Wer erst einmal die Ansichten eines Menschen aus Höherem Bewusstsein[2] kennen gelernt hat, der staunt, wie wertschätzend und erhaben und doch schlicht und einfach die Sicht auf den Menschen als Göttliches Wesen von höherer Warte aus ist. Gleichzeitig verändert diese Sicht auch die individuelle Meinung über alle niedrigeren irdischen Bewusstseinsformen, wie Tiere und Pflanzen.

---

[1] Das Wörtchen „man" zeigt stets eine Programmierung des Denkens an! Das Individuum „man" gibt es nicht. Es täuscht allgemeine Gültigkeit vor, wo keine existiert.

[2] Mein spiritueller LEHRER ist ein solcher MENSCH, vgl. das Buch aus dieser Reihe zum Thema.

Alles, was lebt, wird durch BEWUSSTSEIN be-
lebt. BEWUSSTSEIN und AMLEBENSEIN sind
Ausdrucksformen, ja Synonyme GOTTES.

Zur Einteilung der Bewusstseinsarten in Animal
Consciousness (tierisches Gruppenbewusstsein),
Self Consciousness (Ego-Bewusstsein) und Cosmic
Consciousness (Höheres Bewusstsein) vergleiche
bitte die vorhergehenden vier Publikationen aus
dieser Reihe bzw. das unter meinem Namen
erschienene Buch *Sanft wie Schafe II - Auf der Suche
nach Menschen mit Cosmic Consciousness*, sowie als
Grundlage das Buch von Richard Maurice Bucke,
Cosmic Consiousness[3]. Die Erläuterungen sollen
hier nicht erneut wiederholt werden.

Das Höhere Bewusstsein weiss, dass der
Erdenmensch in Hinsicht auf
Bewusstseinsentwicklung eine Zwischenstufe
darstellt, und zwar zwischen tierischem (Un-)
Bewusstsein und dem Cosmic Consciousness. Das
Ego-Bewusstsein ist auf die Wahrnehmung der
Dualität gegründet, was bedingt, dass alles, was
ein Mensch hier wahrnimmt, einen Anfang und

---

[3] Cosmic Consciousness, A Study in the Evolution of the
Human Mind, von Richard Maurice Bucke (gest. 1899)
Angabe in meiner Druckausgabe: sacred-texts.com

ein Ende haben muss: Es ist alles temporär, d.h. vorübergehend. Alles ist gut oder böse, schwarz oder weiss, und diese müssen sich abwechseln. Doch sobald die Wahrnehmung feiner wird, erkennt der Mensch die Ewigkeit. Er wechselt von der Frosch- in die Vogelperspektive.

Hierbei handelt es sich um einen Reifungsprozess, der vom Ego-Bewusstsein aus unverfügbar ist. Es gibt keine Kurse, Seminare oder Schulen dafür, in das Höhere Bewusstsein zu wechseln. Wer auf Erden an seinen inneren Themen arbeitet, und zwar lebenslang, der wird ein Anwärter auf diese neue Stufe und wird von Höherer Stelle aus eines Tages in weitere Bearbeitung genommen. Dort angelangt, steht der Mensch an der untersten Treppenstufe einer neuerlichen, andauernden Weiterentwicklung. Wie viele Stufen es darüber hinaus noch gibt, wissen wir Erdenmenschen zu diesem Zeitpunkt nicht. Klar ist jedoch schon jetzt: **Ziel allen Reifens ist GOTT.** Spätestens mit Erreichen dieses Höchsten BEWUSSTSEINS endet sicherlich das Dasein als Individuum. Bis dahin sind wir Einzelwesen auf dem WEG durch eine Anzahl von Bewusstseinsgraden.

Der hiesige Mensch weiss insofern tatsächlich nicht, was er tut, denn sein noch nicht sehr hohes Bewusstsein lässt ihn seine Welt auf eine bestimmte, eingegrenzte Weise sehen. Verstärkt wird diese Begrenztheit durch absichtliche, unten-haltende Programmicrungen, die uns in Gestalt der vorgegebenen sog. *öffentlichen Meinung* und sog. *wissenschaftlichen Erkenntnisse* vorgesetzt werden, und dies tagtäglich, lebenslang. Wer aus diesem programmierten Massendenken aussteigen möchte - was zwingend erforderlich ist, wenn der Mensch weiter vorankommen will - der hat einen steinigen, doch unendlich lohnenden WEG vor sich.

Es beginnt mit einfachen Schritten: Fernseher weg, Zeitungen weg, Nachrichten weg, Werbeprospekte weg, alles weg, was vorgegebene Meinungen austeilt. Ich schreibe dahingehend aus selbst erlebter, heilsamer Erfahrung: Es tut wohl, es tut gut, es klärt das Denken auf ungeahnte Weise. Neue Ideen können sich präsentieren, Inspirationen von der Höheren Ebene finden freudigen Einlass, wenn die Dauerberieselung mit den suggestiven Stimmen fremder, falscher Autoritäten endlich aufhört. STILLE ist ein sehr hohes, entscheidendes Ziel im Dasein des Menschen. Hier kann ein jeder jederzeit beginnen, Klarheit und Frieden in sein Leben zu lassen.

Natürlich fürchtet Ego, nicht mehr „Bescheid zu wissen", wenn die Massenmedien plötzlich wegfallen. Doch was von dort herausgesprudelt kommt, ist keine Information, mit der sich etwas Wichtiges anfangen liesse. Ich habe es in den vielen Jahren ohne dem keine Sekunde lang gemerkt, dass mir etwas fehlen würde. Du kannst **nichts** auf dieser Erde kontrollieren, daher musst du gar nichts „wissen", was im Nachbarort oder Nachbarland oder in Amerika stattfindet. Das meiste ist sowieso erfunden oder manipuliert dargestellt. Wie willst du das eigenhändig überprüfen, ob es wahr ist, was dir auf dem Bildschirm über die Antarktis gezeigt wird? Und was hat das überhaupt damit zu tun, dass du an deinem Ort in deinem Haus in deinem Leben in deinem Körper anwesend bist- oder zumindest sein solltest? Mache deine eigene Erfahrung an dem Ort, an den GOTT dich gestellt hat. Du bist von dir selbst abwesend, wenn du gedanklich in einem (erfundenen Bild von) Amerika umhergeisterst. So wirst du niemals GESUND.

Ein zweiter gewichtiger Weichensteller ist die ungenaue Sprache, mit der wir täglich durch fremde Autoritäten bombardiert werden. Leben wird z.B. gleichgesetzt mit Inkarnation, Jesus mit dem CHRISTUS, Erde mit Welt. Alle drei Paarungen sind Irrtümer, bewusst eingesetzt allerdings, um unser Denken in von anderen Leuten gewünschte Richtungen zu lenken.
Dass ein Mensch mehrmals nacheinander auf der Erde sein kann, ist heutzutage keine unerhörte Vorstellung. Alte Kulturen wussten schon immer

von Reinkarnationen, und sogar die etablierten Religionen konnten dieses Wissen trotz etlicher Bemühungen nicht gänzlich austilgen.

Die moderne Verkaufsesoterik macht aus der Not eine Tugend und betont diese Wahrheit statt sie zu verschweigen - jedoch verdreht sie Ursache und Sinn des Wiedergeborenwerdens, um die WAHRHEIT auf ihre eigene Weise zu verwässern. Es ist natürlich *keine* Leistung, es ist *kein* Zeichen von Weisheit, wenn ein Individuum ständig wiederholen muss, im Self Consciousness Erfahrungen zu machen, und das womöglich hunderte oder tausende Male. Denn: Ziel ist für jeden von uns hier das *Übersteigen* des Ego-Bewusstseins und das Erklimmen der nächst höhere Stufe. Weil dies nur als bewusstes Individuum möglich ist, wird sich seit tausenden Jahren bemüht, uns in den Zustand einer innerlich leeren Person hinunter zu drücken, die keine Individualität besitzt, sondern eine Nummer von vielen ist, nichts als ein Name im Personalausweis. Persona und Individuum werden zu diesem Zwecke gleichgesetzt, und der nichts hinterfragende Mensch glaubt daher, wenn seine Persona stirbt = diese Inkarnation unter dem Namen xy aufhört, so höre auch er oder sie als Individuum auf. Das ist ein Irrtum, um nicht zu sagen: eine Lüge.

Ein Mensch ist durch GOTT belebt und kann daher niemals „tot sein". GOTT entzieht Sich selbst = LEBEN nicht, GOTT gibt Sich selbst = das LEBEN immer in vollstem Ausmasse, ohne Beschränkung, ohne Limit, grenzenlos und für immer. Das ist das Wesen der LIEBE: Fülle und Unendlichkeit. Es kann und muss auch kein „Leben gerettet" werden. Nur die Fortführung der aktuellen Inkarnation wird jeweils gerettet.

LEBEN ist also stets ewig, nur eine einzelne Inkarnation innerhalb des LEBENS ist jeweils begrenzt, da sie dem Self Consciousness angehört und daher einen Anfang und ein Ende haben *muss*. Es sei denn, der Mensch schafft von dort aus den Reifungssprung in das Höhere Bewusstsein, und zwar lang genug, um sich dauerhaft dort „oben" zu halten. Das erfordert tägliches Üben und innere Arbeit. Jeder von uns, der es dort hinauf schafft, wird noch oft durch Unachtsamkeit zurückgerissen in das niedrige Feld der Ego-Unarten und Emotionen. Es ist zunächst ein Auf und Ab, ein schwieriger und schmerzhafter Lernprozess, bis endlich dauerhaft FRIEDEN einkehrt. Dieser Mensch muss dann nicht mehr reinkarnieren, wir sagen: Er oder sie hat das Rad der Wiedergeburten glücklich verlassen. (Schmerzhaft ist dies nur für das immerzu leidende Ego!)

Warum muss diese Weiter-Ent-Wicklung so schwer sein? Weil sie auf der Ebene des Self Consciousness stattfindet, und auf dieser Ebene der Dualität gibt es stets Gegenkräfte. Anstrengungslose innere Befreiung ist daher aller Wellness-Esoterik zum trotz ausgeschlossen. Sei wachsam. Gerade diese Reibung zwischen zwei entgegengesetzten Lagern ist es kurioser Weise, die die Reifung beschleunigt: eine Wahl zu haben für GOTT - oder dagegen.

Der irdische Mensch mit all seinen (erlernten) Irrtümern und daraus folgenden sinnlosen Handlungen ist kein „Sünder" im Sinne von boshafter Verbrecher oder Übeltäter. Sünder ist er im Hinblick auf sein Abgesondertsein von GOTT, der still in ihm wartet, bis sich der Mensch IHM zuwendet = nach innen geht. Bis zu diesem heiligen Moment, an dem dies endlich geschieht, bleibt der Mensch aufgrund seiner eingeschränkten Wahrnehmung in allerlei Lügen und Irrtümer verstrickt.

Dies ist natürlich keine Entschuldigung für unmenschliche Verbrechen und Morde und andere Rückfälle auf die sehr niedrige, tierische Bewusstseinsstufe unterhalb des Self Consciousness. Auch im Self Consciousness erfolgen bei vielen noch Schwankungen nach unten, zurück auf die tierische Stufe des Daseins. Doch es ist eine *Erklärung* für dieses ansonsten unbegreifliche Verhalten. *Denn sie wissen nicht, was sie tun...* [4]

Ego braucht den immerwährenden Kampf, denn es sieht in allem stets zwei miteinander im Widerstreit stehende Seiten. Es kann die Situationen und Dinge nicht anders wahrnehmen. Diese Sichtweise zu übersteigen erfordert einen Schub an BEWUSSTSEIN. Derjenige Mensch, der sich GOTT zuwendet und vom materiellen Ego-Menschen zum bewussten Göttlichen Menschen reift, sieht Situationen *anders*. Dann ergänzen sich die zwei Seiten zu einem einzigen Ganzen, gut und böse werden zu gleichrangigen Werkzeugen GOTTES. Das lehrt zwar auch die Verkaufsesoterik, doch ist mir dort noch nie ein Mensch mit Cosmic Consciousness begegnet. Derjenige hätte die Mainstreamesoterik natürlich längst hinter sich gelassen, ebenso wie sämtliche etablierten Religionen. Dieserlei Konstrukte werden so einem Menschen schnell zu eng.

Ego schwelgt in Kampf und Krieg, in Konkurrenz, Neid und der Suche nach dem eigenen Vorteil in dem festen Glauben, dass es nicht genug für alle gebe. Alles, was aussen ist, ist das einzig Reale für die Teilnehmer an dieser Bewusstseinsstufe. (BEWUSSTSEIN kann natürlich nicht in Stufen

---

[4] Lukas 23:34

unterteilt werden, es ist immer GANZ und EINS. Doch der Grad des Hineinlassens ist sozusagen in Stufen einteilbar. Manche Menschen lassen mehr davon in ihr Wesen einströmen, andere bisher weniger. Diese Bilder sollen dem Verständnis helfen.)

Das Körperinnere ist dabei bereits „das Aussen", denn mit „innen" meinen wir den SEELENraum des Individuums, den Ort des BEWUSSTSEINS im menschlichen Wesen jenseits aller körperlichen Erscheinungen.

Aussen sind für den Egomenschen logischer Weise auch sämtliche Autoritäten zu finden, die daher freie Hand haben in der Gestaltung des menschlichen Denkens und die damit einen ungeheuren Wirrwarr im Inneren des Individuums anrichten. *Wer die Angst der Menschen lenkt, lenkt die Menschen.*

Erst wenn die einzige AUTORITÄT erkannt und im Innersten des betreffenden Menschen von diesem entdeckt wurde, dann verlagert sich das Denken des Individuums in die korrekten Bahnen, und die Irrtümer korrigieren sich wie von selbst alle der Reihe nach. Das nennen wir den Spirituellen WEG, und die einzige AUTORITÄT ist natürlich GOTT, von dem (bildlich gesprochen) alles ausgeht und der alles wie ein Kraftfeld zu SICH zieht.

Auf dem letzten Wegstück hinaus aus dem Self Consciousness ist ein spiritueller LEHRER (der immer auf der Höheren Ebene und nicht auf der Erde ansässig ist!) unbedingt not-wendig, denn der Wahrheitsschock wäre zu gross, sollte er vom Schüler-Individuum allein bewältigt werden müssen. Ich schreibe auch hier aus selbst erlebter Erfahrung. Denn nichts wird jemals wieder so sein, wie es vorher einmal war, wenn dir erst einmal die inneren Augen geöffnet worden sind... Nicht, weil die Dinge auf der Erde sich etwa änderten, sondern weil die individuelle Sichtweise sich nicht revidierbar *erhöht* hat. Da alle anderen im Umfeld und sogar so gut wie alle anderen Milliarden Menschen auf diesem Planeten jedoch im Ego-Bewusstsein verbleiben, braucht es eine sehr innige Bindung an GOTT, um auf dem WEG in das Höhere Bewusstsein als Mensch nicht zu verzweifeln. Diese Bindung an GOTT zu festigen ist Aufgabe des Spirituellen LEHRERS, der quasi als Brücke zum Göttlichen dient.

Neid und Konkurrenz, Streben und Mehrhabenwollen enden bei Eintritt des Menschen in das Höhere Bewusstsein. An deren Stelle tritt Geduld, Langmut, FRIEDEN, Seinlassenkönnen, stets Genughaben,... Dies geschieht Schritt für Schritt für den Rest der betreffenden Inkarnation. Für diesen Menschen ändert sich auch der Ausgang aus diesem Erdendasein, *denn er wird den Tod nicht schauen.*[5]

Um keinen anderen Zusammenhang im Menschenleben wurde mehr Verwirrung gelegt als um das Thema „Leben und Tod". Durch unklare Begrifflichkeiten und viele Lügen wurde das Thema in einer Weise tabuisiert, dass es erst einmal notwendig ist, gedankliche Klarheit zu schaffen, bevor wir uns mit den Folgen der Korrekturen beschäftigen können.

Jenseits der allgemein anerkannten *race beliefs*[6] beginnt die eigentliche FREIHEIT. Wer glaubt, was alle glauben, wird erleben, was alle erleben. Dieses einfache und immer gültige Gesetz der Manifestation ist simpel. Welche Zutaten eine erfolgreiche Manifestation benötigt, haben wir ausführlich in Teil 2 dieser Reihe: *Über Manifestation, Heilen und HEILUNG* erläutert.

Das Ego-Bewusstsein fusst allerdings auf dem Unwillen zur Veränderung und zieht es vor, zu

---

[5] Johannes 8:51

[6] ein Begriff aus dem Buch von Ruby Nelson; es meint den unhinterfragten Massenglauben an angebliche Sachverhalte: : The Door of Everything, von Ruby Nelson, De Vorss & Co. Verlag, Marina Del Rey, USA., 1963; dt.: Das Tor zur Unendlichkeit, Aquamarin Verlag, Grafing, 3. Auflage 1999

konservieren, zu bewahren und festzuhalten. Jede Neuigkeit wird zunächst abgelehnt aufgrund des sprichwörtlichen Grundsatzes „Weil nicht sein kann, was nicht sein darf."[7] Nicht darf deswegen, um den Status Quo nicht zu gefährden. Umdenken zieht Veränderung nach sich, und Ego will sich nicht bemühen. Die neudeutsch: *Komfortzone* will Ego nicht verlassen bei gleichzeitigem undifferenziertem Wunsch, es möge alles täglich besser und besser werden. Besonders die Mainstreamesoterik fördert solch eine Grundeinstellung des anstrengungslosen Wohlstandsstrebens.

Das grosse Problem bei all dem ist die Unkenntnis des Menschen im Self Consciousness darüber, was es zu gewinnen gibt. Wer den Grossen Preis nicht kennt, wozu soll der sich anstrengen? Würde uns von klein auf erklärt, wohin unser WEG gehen soll, nach GOTTES Willen gehen soll, so würden schon unsere Kinder sich ganz selbstverständlich daran machen, das zu erlangen, was für jeden Erdenmenschen vorgesehen ist. Um dieses Wissen zu verhindern, wurden Kinderhorte, Kindergärten und Schulen erfunden, die allesamt dieselben gedanklichen, spirituell retardierenden Vorgaben verteilen, die ein jeder von uns daher

---

[7] Christian Morgenstern, *Die unmögliche Tatsache*

mitbekommt, und die derjenige so mühsam wieder aussortieren muss, der von GOTT in der zweiten Lebenshälfte auf den spirituellen Befreiungsweg gerufen wurde. Doch es ist, wie es ist, und offenbar reicht es GOTT zunächst einmal so, wie es ist. Denn GOTT = BEWUSSTSEIN ist allmächtig, auch wenn das den meisten Leuten auf der Erde unliebsam ist.

Wir arbeiten daher mit dem, was wir vorfinden und halten uns nicht mit Weltveränderungs-fantasien auf. Allerdings zeichnet sich der MENSCH gerade dadurch aus, dass er grosse TRÄUME zu haben in der Lage ist, und gross nennen wir sie, wenn sie *allen* Menschen auf der Erde zugutekommen, das heisst, wenn sie Göttlich inspiriert sind. Im Stadium des Cosmic Consciousness endet das egoistische Wünschen, und an dessen Stelle treten die individuelle Wunschlosigkeit und der selbstverständliche DIENST an allen anderen.

Wer seine ihm seit Kindesbeinen eingeimpften *race beliefs* verlassen möchte ist eingeladen, tradierte Ideen probeweise in einen neuen Zusammenhang zu stellen. Für mich begann die Befreiung meines Denkens mit der Idee, dass es andere Menschheiten gibt, dass sog. Ausserirdische also nicht ausschliesslich Geckos und Spinnenmonster sind und auch keine

Comicfiguren mit grüner Haut, sondern MENSCHEN wie wir, jedoch mit anderer, höherer Gesinnung. Dieser neue Zusammenhang öffnete mir alle weiteren gedanklichen Türen. Und erklärte wie von selbst, welche Konsequenzen und Perspektiven sich daraus für jeden einzelnen Erdenmenschen ergeben - und gleichzeitig, warum uns gewisse Irrtümer vehement aufgetischt werden. Dass es angeblich kaum möglich sei, jemals erdähnliches „Leben" auf einem anderen Planeten zu finden, das behaupten die *Experten* aus der *wissenschaftlichen* Forschung Höchstens gibt es, nach ihrer Erzählung, Mikroben zu entdecken. Für mich klingt das genau so albern wie die Mähr von der Erde als flacher Scheibe, an deren Ende jemand runterfallen kann.

Wenn die Existenz dieser „anderen" Menschen für uns zur Normalität geworden ist, werden wir über diesen Kleinglauben herzlich lachen.

Jesus, der CHRISTUS-Mensch

Ein zweiter riesiger, ja gewaltiger Irrtum, der uns zeitlebens verkauft wird lautet: Jesus = „der" (einzige) CHRISTUS. Diese grundlegende Fehlannahme dient dazu, den Menschen im niedrigen Bewusstsein festzuhalten und ihm die Sicht auf den Ausgang zu versperren. Denn wenn es nur einen einzigen CHRISTUS-Menschen, d.h. Menschen mit Höherem Bewusstsein, gibt, dann kann es keiner von uns anderen je erreichen, ist es nicht so? Natürlich kann es, so erzählt uns die Fremdautorität namens „Kirche", *nach dem Tod* erlangt werden; natürlich nennt sie es nicht Höheres Bewusstsein, sondern betitelt es mit „Himmel". Dies Geschehen ist von uns hier unten aus zunächst nicht überprüfbar. Der gesunde Menschenverstand kommt jedoch leicht darauf, dass das Unsinn sein muss. Was wir ausserdem haben, sind die Aussagen des CHRISTUS selbst, und dazu muss niemand eine Bibel lesen, wenn dies auch unendlich hilfreich und lehrreich und sogar spannend ist. Es ist einfach, denn JEDER Mensch hat Zugang zu CHRISTUS, d.h. dem Göttlichen Wissen *in sich selbst*, zu der Anschlussstelle ans das Höhere Bewusstsein. Nichts anderes hat das Individuum, das von der römischen Kirche mit römischem Namen „Jesus" betitelt wurde, uns erklärt.

Wie viele von uns hören auf Ihn -? Es ist in den meisten Menschen nicht STILL genug, daher überhören sie die leise Stimme der WAHRHEIT.

Durch diesen geschickten Schachzug, uns weiszumachen, es gäbe nur einen *einzigen* Göttlichen Menschen, ist enorm viel unnützes Leid entstanden. Wir können unsere Sichtweise hier und heute korrigieren lassen, und zwar von eben diesem CHRISTUS selbst, der wie ein Göttlicher Agent in einem jeden von uns darauf wartet, uns von einem *uninteressant aussehenden Kern* in eine leuchtend rote Tomatenpflanze hinaufreifen zu lassen. [8]

Ich bin sicher, dass das Universum bevölkert ist mit Abermilliarden Menschen, die bereits als komplette Menschheiten das Cosmic Consciousness erreicht haben, und die uns in spiritueller Hinsicht daher weit voraus sind. Denn der nächste Entwicklungsschritt dieser Erdenmenschheit ist keinesfalls ein technischer, sondern er ist ein spiritueller. Die wenigsten hier unten werden diesen Schritt, diesen Sprung hinauf ins Cosmic Consciousness, in dieser Inkarnation schaffen. Dies vor allem aus Unkenntnis über ihre Möglichkeit und Fähigkeit dazu.

Wer den verkehrten Autoritäten glaubt, und das sind **alle** äusseren Autoritäten, egal ob Eltern, Lehrer, Wissenschaftler, Ärzte, Päpste, Politiker,... der muss als Konsequenz den Irrweg weitergehen, den diese ihm vorgeben (ob aus deren eigener Unbewusstheit heraus oder aus boshafter Absicht, das variiert sicherlich von Fall zu Fall und spielt insgesamt keine Rolle).

---

[8] Vgl. Ruby Nelsons Buch

Alles, wirklich alles, was aussen vorgeschwätzt wird, muss durch die innerliche Prüfung gehen. Dies erfordert permanentes Üben, denn dieser spirituelle Muskel ist bei den Menschen auf der Erde noch nicht sehr weit entwickelt, da er in den meisten Fällen leider nie benutzt wird.

Es IST möglich, ich selbst kenne das Vorher und das Nachher - vor CHRISTUS und nach CHRISTUS. Ich glaube heute niemandem „da draussen" auch nur ein Wort, ohne es an IHN gerichtet zu haben und um die WAHRHEIT der Situation zu bitten. Sie wird mir IMMER gezeigt, denn GOTT hat kein Interesse an Heimlichtuerei.

Ein wichtiger Hinweis ist dieser: Wer seine Autorität nicht in Frage gestellt wissen will, hat etwas zu verbergen.

GOTT lässt jegliche Prüfung und Zweifel deinerseits langmütig über sich ergehen, weiss ER doch, dass du nur übst, die WAHRHEIT zu erkennen, und ER *will unbedingt* von dir erkannt werden. Falsche Autoritäten dulden keinerlei Widerspruch und keine Kritik. Beobachte.

Jesus, sogenannter, ist seines Zeichens ein Mensch von dieser Höheren Ebene, die es zu erreichen gilt, und Er hat uns sehr genau erklärt, wie das Höhere Bewusstsein beschaffen ist und welche Zugangsbeschränkungen es gibt. So kommt z.B. kein „Reicher", d.h. rein materiell orientierter Mensch dort hinein. Wer nicht GOTT an erste

Stelle setzt, wer nicht vor allem anderen den Willen und Wunsch hat, das Cosmic Consciousness zu erreichen (das „Königreich GOTTES"), wer stattdessen seinen Blick hinab auf die Erde gerichtet hält und Geld zu seinem Endziel für diese Inkarnation erklärt, der wird nicht weit kommen und stattdessen Runde um Runde hier unten drehen dürfen, als zweite, dritte, vierte Chance[9], bis dieser Mensch irgendwann in einer Inkarnation aufwacht und mit der ARBEIT beginnt. Jeder von uns kann hier und jetzt aktiv etwas dazu tun. Doch nicht jeder will das schon, daher hat es keinen Zweck, vorzeitige Reifung erzwingen zu wollen (ich nenne das spirituelles Töpfchentraining) und anderen zu predigen und sie zu belagern. LIEBE bedient sich aus FREIWILLIGKEIT. Sie kann warten. Leid ist daher ebenfalls eine freiwillige Angelegenheit. Wir haben als Menschen IMMER die Wahl. Selbst erlebte Erfahrung. Leidender - oder Lernender?

Statt in die spirituelle FREIHEIT zu entkommen, predigt uns eine institutionalisierte Kirche, dass wir angeblich Staub seien und blieben und dass wir einer bestimmten sog. Religion angehören müssten, um „gerettet" zu werden. Gallionsfigur ist abstruser Weise der eine Mensch, der genau

---

[9] Vgl. Ruby Nelsons Buch

das Gegenteil verkündet hat. Und wie viele sog. Christen durchschauen diesen Spuk? Sie wagen es nicht, die fremde Autorität, in diesem Fall Kirche und ihre Vorgaben, anzuzweifeln. Gerade Jesus enttarnte mit Vorliebe Fremdautoritäten!

Der Mensch im Höheren Bewusstsein braucht keine Anhaftung an Religionen mehr, sie werden irrelevant. Stellen wir uns diese Menschheit in einem Höheren Bewusstsein vor und staunen, was alles wegfiele: Kirchen, Ämter, Hierarchien, Regierungen, Richter, Ärzte, äussere Regeln und Gesetze - alle Menschen wären wahrhaftig gleich vor GOTT, wie es in Wirklichkeit der Fall IST, doch einem jeden wäre diese Tatsache nun *bewusst.* Es fiele die Konkurrenz weg, sämtliche Wettkämpfe, sämtliche daraus resultierenden Verbrechen. Niemand käme jemals mehr durch den Irrtum eines anderen Menschen zu Schaden, das komplette Karma-Ausgleichs-System zerfiele zu Staub. Keine Inkarnation müsste jemals mehr abgebrochen geschweige denn wiederholt werden. Und würde einer zurückzufallen drohen, würden alle anderen ihm zurückhelfen auf die Hohe Stufe. Solche Menschheiten muss es geben, denn einer von dort kam hierher, um uns davon zu berichten: der sog. Jesus.

Wenn du beginnst, die hiesigen Menschen wie Er zu sehen, scheinst du für den Rest deines Lebens gegen den Strom zu schwimmen, doch du bist in Wahrheit der einzige, der MIT dem Strom schwimmt.

Auf Leben und Tod?

Um das Thema LEBEN bzw. Tod zu beleuchten, kommen wir nicht drum herum, uns diesen Menschen mit dem Kunstnamen Jesus genauer anzuschauen. Denn Er ist das eine grosse Beispiel, das uns allen gegeben wurde. Hier weise ich noch einmal auf den gewichtigen Grundsatz hin: SPIRITUALITÄT ungleich Religion und SPIRITUALITÄT ungleich Esoterik.

Da ich nicht aus eigener Erfahrung heraus über den Nicht-Tod schreiben kann, muss ich ab einem gewissen Punkt spekulieren bzw. auf das eine, gut beschriebene Beispiel zurückgreifen, das sich (wen wundert es nun noch?) bis in unsere Tage hinein hartnäckig erhalten hat. Dennoch wollen wir den Versuch wagen und das Thema LEBEN von seinem Tabu lösen.

Wir Menschen besitzen in unserem Inneren eine Sammlung von Glaubenssätzen und Vorstellungen, wie „das Leben" angeblich ist, die wie in einem unsichtbaren Reservoir gesammelt werden.[10] Gefüttert wird diese innere Welt von allem, was uns begegnet, was wir sehen, hören, schmecken, riechen, ertasten, kurz von allem, was durch die fünf Sinne von uns erfahren wird. Und damit wir alle unsere diesbezüglichen Erfahrungen so, wie es von fremden Autoritäten gewünscht wird, artig einsortieren, wird uns gesagt, in welche Schubladen wir die Erfahrungen abzulegen haben. Hier blüht bereits die Lüge. Jeder Satz aus dem Munde irgendeiner Autorität wird folgsam abgelegt, in von ihnen beschriftete Schubladen, die beständig gefüllt und ergänzt werden. Was nicht in eine der Schubladen passt, wird vom Ego abgelehnt, aus purer Angst. Damit wir alle in gleicher Weise sortieren, erfand man die Schulpflicht, wie wir schon erklärt haben. Heutzutage lernen wir vor allem durch die Massenmedien, die uns wie eine Fern(seh)schule beibringen, wie wir das Leben und „die Welt" zu sehen haben. Dabei ist „die Welt" in der Vorstellung der meisten Leute etwas von ihnen Getrenntes, das auch ohne sie weiterexistiert. Das stimmt und stimmt nicht, beides zugleich.

---

[10] Vgl. Ruby Nelsons Buch.

Wir definieren Welt wie folgt: Die Summe der inneren Vorstellungswelten aller Menschen einer gegebenen Menschheit, von innen nach aussen projiziert, ergibt die „Welt", an der wir als Menschheit also alle *gemeinsam* teilnehmen. Was die Mehrzahl glaubt, zeigt sich aussen für aller Augen.

Würden alle Menschen morgen anders denken, wäre diese Welt ab morgen eine vollständig andere. Da dies niemals geschehen wird, denn niemals entwickeln sich alle gleichzeitig und gleich schnell, wird die Welt im Grossen und Ganzen so bleiben, wie sie ist: Nämlich das schwankende Ergebnis der Inhalte aus der die Menschheit programmierenden Fernschule. Einzelne Individuen jedoch verlassen seit jeher dieses gleichgeschaltete Massendenken, das Massenbewusstsein, das war zu allen Zeiten in der Menschheitsgeschichte schon der Fall und wird immer so sein.

In Teil 2 dieser Schriftenreihe, *Über Manifestation, Heilen und HEILUNG*, haben wir den Mechanismus der Manifestation eingehend erläutert und dabei erklärt, welche Rolle Autoritäten bei der Formung unserer inneren Vorstellungswelt spielen und wie sie arbeiten.

Der erste Schritt für einen modernen Menschen, seine individuelle innere Welt zu erkennen und ggf. zu verändern, ist daher, sich vom Gebrauch der Massenmedien fernzuhalten, sprich: Kein Fernseher, kein Radio, keine Zeitung, keine Werbeprospekte, keine Kinofilme, keine Romane, keine Zeitschriften ... wie wir bereits erläutert haben.

In all diesen Medien wird uns beständig aus vielen Quellen doch dasselbe erzählt, wie wir am thematischen Beispiel „Leben und Tod" sehr gut erkennen können. Jeder Erdenmensch denkt darüber exakt gleich, mit wenigen Ergänzungen in anderen Kulturen hier und da, doch das grundsätzliche Muster bleibt dasselbe. Wir haben in unserem inneren Reservoir z.B. abgelegt, dass das Gegenteil von Leben = Tod sei. Entweder der Mensch lebt, oder er ist tot. Jedes Kind weiss das schon. Doch das Gegenteil von Tod ist nicht Leben, sondern *Geburt*. Zum Austritt aus der Inkarnation gehört der Eintritt in die Inkarnation.

LEBEN hat in Wahrheit kein Gegenteil, denn das, was uns alle gleichermassen be-lebt, ist BEWUSSTSEIN, das eine unteilbare BEWUSSTSEIN. Anders gesagt: GOTT. Alles, was am Leben ist, besitzt Bewusstsein, welchen Grades auch immer. Du wirst keine Ausnahme finden. GOTT ist das, was uns alle leben lässt. GOTT oder BEWUSSTSEIN hat kein Gegenteil, denn alles, was wir erfahren können, findet IN ihm statt. Ohne BEWUSSTSEIN gibt es nichts zu erfahren.

Ärzte und andere *Experten*[11] haben uns beigebracht, dass Bewusstsein etwas ist, was im Körpergehirn sitzt und was man verlieren kann, indem man ins Koma fällt. Daran erkennen wir die fehlerhafte Definition des Begriffs, denn auch jemand im Koma ist lebendig, wenn auch in einem sehr anderen als dem uns alltäglich bekannten Zustand. Was atmet, lebt. Was atmet, drückt BEWUSSTSEIN aus. GOTT sitzt nicht im menschlichen Hirn, das lediglich ein Ausgabegerät ist und darüber hinaus in spiritueller Hinsicht keine entscheidende Stellung innehat.

Das Gegensatzpaar lautet daher nicht Leben und Tod, sondern Geburt und Tod: Eintritt in eine Verkörperung auf der Erde und Austritt aus *derselben* Verkörperung auf der Erde. Ein Mensch kann niemals „tot sein", denn er ist ewig

---

[11] Experten sind Schlüsselfiguren beim Austeilen von erwünschten Glaubenssätzen fremder Autoritäten an die Masse der Menschen.

lebendig, für allezeit am LEBEN teilhabend, in welcher Gestalt auch immer, auf welchem Level von Bewusstsein auch immer. Aus der relativ niedrigen Wahrnehmung des Self Consciousness heraus kommt dem Menschen der ihm von den Autoritäten angedrohte Tod vor wie eine Strafe, wie etwas Ungeheuerliches, was ihm gegen seinen Willen wiederfährt. Da der Mensch hier unten nur eine vergleichsweise kleine Zeitspanne überblicken kann, scheint ihm „Tod" das Ende von „allem" zu sein. Er hat nicht begriffen, wer er selbst ist und hält sich daher für sehr begrenzt, und es wird dafür gesorgt, dass diese Selbst-Fehlwahrnehmung auch so bleibt. Wer die (Todes-)Angst der Menschen lenkt, lenkt die Menschen (im Self Consciousness).

Doch es liegt einzig am Grad seines Bewusstseins, der hier auf der Erde relativ niedrig ist, der bedingt, dass alles temporär ist, zeitlich begrenzt also, daher gilt das auch für eine Inkarnation, das *Im-Fleisch-sein*. Zeit und linearer Zeitablauf ist gleichfalls etwas, was unserer Wahrnehmung im Self Consciousness untrennbar anhaftet. Anderes Bewusstsein - andere Wahrnehmung. Dass für den Menschen etwas Höheres vorgesehen ist, erkennen wir leicht daran, dass jeder geistig gesunde Mensch einen blanken Horror vor den Themen Tod und Sterben empfindet. Denn dieser Vorgang ist nicht natürlich, er ist ausserhalb der Ordnung, nicht das, was GOTT für uns Menschen will und vorgesehen hat. Geduldet ist es, zweifellos, denn es geschieht. Doch gewollt ist es nicht. Kein Mensch empfindet Horror vor Göttlichem Willen - z.B. vor LIEBE, GLÜCK, FRIEDEN. Im Gegenteil, dies wird von jedem Menschen aus tiefster Sehnsucht angestrebt.

Da LEBEN ewig ist, denn BEWUSSTSEIN ist ewig, GOTT ist ewig, muss es nach diesem Austritt aus einer Inkarnationsrunde weiterhin vorhanden sein. Und es wird sich daher, individualisiert als „SEELE", einen neuen Körper bauen - bauen *müssen*, sofern das Individuum weitere Erfahrungen machen und aus dem Egobewusstsein hinauf gelangen will ins Höhere Bewusstsein, d.h. näher zu GOTT. Aus einem uns unbekannten Grund muss offenbar dieser Weg so genommen werden, denn warum sonst sind Menschen immer wieder und wieder hier unten? Reinkarnation ist vermutlich ein Kunstgriff des BEWUSSTSEINS, um die Kette des Lernens nicht abreissen zu lassen. Reinkarnation ist nötig, weil Leben EWIG ist und kein Ende haben KANN. Die von esoterischen Denkern propagierte „Pause zwischen den Inkarnationen, damit die Seele sich erholen kann" halte ich für Unfug. Denn die SEELE ist der Anteil im Menschen, der GOTT gleich und somit EWIG ist, und dieser muss sich nicht erholen. Erholung ist das, was die gequälte Psyche (ein Ausdruck des Egos) sucht, und dies wird von Ego zu Inkarnationszeit nicht gefunden und daher, wie auch in den christlichen etablierten Religionen, auf das sog. Jenseits vertagt. Doch RUHE STILLE FRIEDEN können nur JETZT gefunden werden. Nach dieser Inkarnation macht der Mensch im selben Moment in einem neuen Körper weiter, ohne Zwischenstopp (wozu??), und erneut beginnt die Reise Richtung GOTT in einem irdischen Körper.[12]

Erst wenn der Bann der Reinkarnationen durch Bewusstseinsanhebung gebrochen wurde, ist die SEELE frei für den nächsten Schritt auf der nächst höheren Ebene. Vielleicht ist das überall im Universum auf Planeten so, die Menschheiten mit

---

[12] Eine andere Sichtweise vermittelt das Buch/der Film „Unser Heim - Nosso Lar" von Chico Xavier: Nosso Lar - Hrsg. EDICEI Europe GmbH, 2008, als Film: Astral City - Unser Heim, Studio: KSM GmbH (2010)

Ego-Bewusstsein beherbergen. Oder es ist nur auf der Erde so. Von hier unten aus können wir das nicht wissen, und es nützt uns auch nichts, das zu wissen, denn der WEG hier hinaus ändert sich dadurch für uns nicht. Wir bekommen von GOTT niemals etwas, was wir nicht brauchen, also auch kein unnützes Wissen. Was von GOTT aus gewusst werden darf, das wird jedoch gewusst, allen Vertuschungsbemühungen irdischer Scheinautoritäten zum Trotz.

Der Körper ist innerhalb der SEELE, sie bildet ihn, um - ihn umschliessend und durchdringend - Erfahrungen zu machen, an das jeweils letzte Bewusstheitslevel anknüpfend, das sie vor dem sog. Tod erreicht hatte. (Dir wurde für dein inneres Reservoir erzählt, dass die SEELE irgendwo im Körper eingesperrt sei. Auf diese Weise hält man dich im Irrglauben fest, du seiest *ein Gefangener*. Diese Annahme prägt dein gesamtes Denken, beobachte dich selbst.)

Auf demselben Level macht die SEELE, also individualisiertes BEWUSSTSEIN, in der nächsten Runde weiter, mit einem neuen Personalausweis und neuen Vorlieben. Für den Menschen ist es eine Qual, reinkarnieren und weitgehend wieder „von vorn" beginnen zu müssen, GOTT erneut zu suchen und vielleicht erneut nicht zu finden. Insofern beweisen Esoteriker, die auf ihre vielen „vergangenen Leben" pochen, aus meiner Sicht nur eins: ihre relative Unbewusstheit.

Ziel aller spirituellen Übung ist es seit jeher, diesen Kreislauf der Reinkarnationen endgültig zu verlassen. Wie kann das geschehen? Indem wir auf das nächsthöhere Spiellevel wechseln, hinauf ins Cosmic Consciousness. Wer im Self Consciousness „wohnt", der ist an das Denken in Gegensatzpaaren gefesselt, die seine Ausgestaltung der „Welt" für ihn bedingen. Und daher gibt es für diesen Menschen immer ein Gegenteil von Geburt, eben den Tod, den Austritt aus der aktuellen Inkarnation. Es liegt in seinem eigenen Bewusstsein begründet, warum er oder sie „sterben" muss. Wer das Bewusstseinslevel der Gegensatzpaare verlässt, muss nicht mehr zwangsläufig den irdischen „Tod" erfahren, denn für denjenigen gibt es nur noch LEBEN. Genau das hat der sog. Jesus uns erklärt.

Was bedeutet „sterben"?

Zu sterben bedeutet, dem Tod = Austritt aus dem aktuellen Erdendasein im linearen Zeitverlauf entgegen zu streben, also dem Wechsel in die nächste Inkarnation entgegen. Da alles im Self Consciousness temporär ist, kann auch eine Inkarnation („Leben") nur begrenzt andauern. Es liegt an der Wahrnehmung auf diesem Spiel-Level. Natürlich holt GOTT niemanden zu sich, nur weil derjenige seine Inkarnation verlassen musste. GOTT will dich HIER und JETZT, und nicht irgendwann. Doch dieses Märchen vom zu-GOTT-geholt-Werden gaukelt dir vor, dass du keine innere Arbeit zu tun hättest, nicht an deinem VERTRAUEN arbeiten müsstest und dass du hier unten treiben kannst, was du willst, solange du der Kirche weitgehend gehorchst. Die Wirklichkeit könnte nicht weiter davon entfernt sein, wie dir im Verlauf dieses Buches klar werden dürfte. Nur durch spirituelle Ent-Wicklung kommst du GOTT näher, ER muss dich also nicht holen, du wirst mit aller Kraft freiwillig zu IHM eilen. Oder gar nicht.

In der Sufi-Tradition gibt es das Bild vom „Sterben mitten im Leben". Wie ist das nun wieder zu verstehen? Die Sufis meinen damit, sich auf den Wechsel in das Höhere Bewusstsein vorzubereiten, um nicht mehr am Ende der Inkarnation „sterben" zu müssen, es ist also ein Wortspiel. Jetzt schon alles freiwillig loslassen, bevor der Erdentod es zwangsläufig wegnimmt, um sich also von dem sklavischen Gebundensein an vergängliche Werte und eingeschränktem Denken auf Erden absichtlich zu lösen, d.h. vom Self Consciousness.

Da nur der Mensch im Ego-Bewusstsein an den Kunstgriff der Reinkarnationen gebunden ist, muss das versklavte Ego abgelegt werden, um endlich (dann im Höheren Bewusstsein) aus dieser Schleife hinauszugelangen. Sterben ist ein Terminus, der untrennbar mit dem Ego gekoppelt ist. Wessen Bewusstseinsgrad hoch genug ist, der kann auf den Tod schlichtweg: *verzichten*.

Das Prinzip aller Manifestation

GLAUBEN wird zu VERTRAUEN wird zu ERFAHRUNG[13]

In dieser einfachen Weise geschieht alles, was du erfährst, und alles, was dir begegnet, kommt daher. Du selbst bist Dreh- und Angelpunkt dessen, was in deinem Erdenleben erscheint, indem DU glaubst, DU vertraust und Du erfährst. Insofern gibt es auf Erden unter Menschen keine „Opfer der Umstände". Es gibt nur *Manifestierer*.

---

[13] Vgl. das Buch von Ruby Nelson.

Dabei sind, wie bereits ausführlich in Band 2 dieser Reihe erläutert, GLAUBEN und seine Steigerungsstufe: VERTRAUEN keine naiven Haltungen schwacher Menschen, sondern sie bedeuten das Anwenden einer spirituellen KRAFT, der EINZIGEN KRAFT die existiert: BEWUSSTSEIN, also GOTT. Nur mit Seiner Hilfe gelingt die uns umgebende irdische Sekundärschöpfung[14], die gemeinsam als solche erlebte „äussere Welt" der Egos.

Die Kunst liegt für uns Menschen einzig darin, diesen Grundsatz aller Manifestation zu erkennen und dann im Sinne „innerer Arbeit" zu beginnen, die im individuellen Reservoir der Vorstellungen, „wie die Welt ist", abgelegten Glaubenssätze zu identifizieren und sie ggf. zu korrigieren, um daraufhin andere, bessere Erfahrungen zu machen, *besser* = dem LEBEN entsprechend. Auf diese Weise ersetzt du nach und nach die alten Lügen in deinem Reservoir der Lebensannahmen durch die WAHRHEIT.

Das Entmisten dieses inneren Reservoirs bedeutet schmerzhafte Arbeit, denn alle liebgewonnenen Lügen, oder *Irrtümer* über deine Beziehungen zu

---

[14] Ruby Nelson: *sub-creation*

anderen, deine Beziehung zum Leben, kurz: deine Beziehung zu deinem GOTT, wirst du loslassen müssen. Das grosse Loslassen mitten im Leben ... so sieht es konkret aus. Schmerzhaft ist es nur aus Egosicht, weil Ego durch Festhalten, Kontrollierenmüssen und Verlustdenken geprägt ist und mit dem Thema Loslassen oder Freilassen enorme Probleme hat.

Wer noch auf Erden wandelt, hat noch innere Arbeit zu tun, denn sonst wäre er oder sie nicht mehr hier. Niemand mit ausgereiftem Cosmic Consciousness kann sich auf einem so niedrigen Spiellevel wie dem des Self Consciousness halten. Woher ich das wissen will? Weil bereits die von mir bisher absolvierten, sehr kleinen Schritte im neuen Bewusstsein so wundervoll und erstrebenswert sind, dass jegliches Zurückpendeln ins Egobewusstsein für mich jetzt schon schier unerträglich ist. Wie erst muss es sein für jemanden, der innerhalb des Höheren Bewusstseins schon sehr weit vorangekommen ist? Zum Beispiel merke ich sehr deutlich, wie das Anschauen auch nur eines einzigen neunzig Minuten-Spielfilms mein Bewusstseinslevel wieder auf so niedrige Zustände runterfährt, dass ich im Anschluss absichtlich daran arbeiten muss, wieder zurück auf die Höhere Stufe zu gelangen. Jeder muss seine eigenen Erfahrungen dahingehend machen. Es ersetzt NICHTS die eigene, selbst erlebte Erfahrung, kein Buch, kein Film, kein Lehrer, kein Guru, nichts und niemand. **Jeder kann jetzt und hier mit der Arbeit beginnen.**

Es gibt da draussen keine Gegner, keine Feinde. Es sind alles deine inneren Glaubenssätze, auf der Lebensbühne dargestellt von Akteuren, die einen eigenen Körper besitzen mögen oder auch nicht. Insofern bedeutet, seine „Feinde zu lieben" schlichtweg, sie als das Eigene zu erkennen, ausgesandt von dir selbst als Glaubenssatz und zurückgezogen zu dir hin als stellvertretende Gestalt. In Teil 2 dieser Schriftenreihe, *Über Manifestation*, erläutern wir das am Beispiel einer „Grippe".

„Jeder muss sterben"

Damit meint das Konglomerat der Irrtümer über das LEBEN (gross geschrieben) in deinem inneren Reservoir, dass jeder Mensch unfehlbar auf den Erdentod zusteuert. Dies ist nur bedingt richtig, denn es ist möglich, aus dieser Zwangsschleife auszusteigen, wie wir bereits verstanden haben. Natürlich siehst du *es* jeden Tag bzw. hörst davon, dass nämlich alle irgendwann sterben. **Du siehst jedoch nicht, was alle *müssen*, sondern was alle *glauben.*** Was auch immer dir in der Welt als äussere Erscheinung (Situation, Verhaltensweise, Kondition) begegnet, ist nicht das, was eben so „ist", sondern es ist das, was die (meisten) Menschen glauben und DESWEGEN muss es sich auf diese Weise zeigen. Dieses Geglaubte bildet sich IMMER und unfehlbar in der Folge im Äusseren ab, welches aus Unbewusstheit als getrennt von den Menschen selbst wahrgenommen wird; das eingeschränkte Bewusstsein kann es nicht anders begreifen. Doch auf der höheren Ebene weiss der Mensch: Innen ist Aussen, es gibt keinen Unterschied zwischen beiden.

Wer in diesem Sinne glaubt, was alle glauben, und dem sogar vertraut, d.h. es für sich selbst zweifelsfrei weiss, dass es auch für ihn selbst so sein wird, dem wird genau das auch geschehen, was allen geschieht. Wer etwas anderes er-leben will, muss etwas anderes glauben, dem felsenfest vertrauen und es daraufhin selbst *anders* erfahren.

GLAUBEN WIRD VERTRAUEN WIRD ERFAHRUNG.

Nun reicht es nicht, lediglich sein oberflächliches Denken zu verändern. Das wird uns jedoch weisgemacht, damit wir es in unser inneres Reservoir einspeisen, weisgemacht von Leuten, die es selbst nicht besser wissen. Sich über einen sog. *race belief* zu erheben, d.h. obwohl alle anderen etwas glauben, etwas *anderes* zu glauben, erfordert enormes VERTRAUEN in GOTT. Dieses muss zunächst von dem Individuum eingeübt werden, denn für einen Menschen im Self Consciousness, das geprägt ist von Kontrolle, Festhalten und Beherrschenwollen ist das die schwerste Auf-Gabe von allen. Zweifelsfreies VERTRAUEN jenseits der sonst üblichen Norm ist zu erreichen. Das heisst, nicht zu *hoffen*, dass GOTT es anders will, als alle anderen behaupten, sondern es sicher zu *wissen*. Jesus würde sicher sterben, so dachte jeder, der ihn sah. Doch Er wusste zweifelsfrei, dass das ein Irrtum ist. Wieso ich das behaupten kann? Nun, Er hat es *gezeigt,* dass Er anderer Ansicht war und dahingehend einig mit GOTT war, der immer das LEBEN will und *niemals* etwas anderes.

Es kommt also, natürlich, auf etwas ganz anderes, Wesentlicheres an, wenn wir die *race beliefs* hinter uns lassen wollen: die individuelle Beziehung zu GOTT. Dies lernen wir von dem Mann, der uns als prominentes Beispiel dient: Jesus, der diese Erde *lebend* verlassen hat.

Wer an Ihn glaubt, wird zweifelsfrei LEBEN, denn das bedeutet, wer glaubt, dass das, was Er vorgemacht hat, für einen jeden Menschen Gültigkeit hat, ohne irgendeine Ausnahme, und diese Möglichkeit daraufhin für sich beansprucht. Die Kirche hat daraus etwas anderes gebastelt: Wer glaubt, dass nur Jesus allein so etwas schafft, der ist automatisch ohne Arbeitsaufwand gerettet. Ich muss das nicht weiter kommentieren.

Zuerst muss im inneren Reservoir alles ausgeräumt werden, was die WAHRHEIT verhüllt, was sie verkleidet und versteckt. Um mit GOTT ins Reine zu kommen, müssen wir bei unserer Geburt beginnen, müssen die Irrtümer über unsere Eltern der Kindheit ent-decken, die Fehlannahmen über LIEBE korrigieren, jede einzelne je gekannte Autorität in Frage stellen, auch wenn das kurzzeitig eine scheinbare Haltlosigkeit provoziert. Dies ist der Spirituelle WEG in das nächst Höhere Bewusstsein, der ohne

LEHRER **nicht** bis zum Ende gegangen werden kann.[15] Doch die Vorbereitung dafür muss *jetzt* beginnen, für jeden von uns.

Erst, wenn die Beziehung des Menschen mit seinem GOTT zu HEILEN beginnt, beginnt auch der WEG in das Höhere Bewusstsein. Und nun schau dir an, was du in deinem inneren Reservoir in der Schublade „Gott" abgelegt hast. Ich wette, dass das, was darin ist, kaum etwas mit dem GOTT zu tun hat, den uns Jesus beschrieben hat. Es hat dafür umso mehr mit deinem Vater der Kindheit zu tun, und mit dem Gott des Alten Testaments, mit dem Gott der institutionalisierten Kirchen also, doch nichts mit GOTT - der BEWUSSTSEIN ist, das sich *in dir selbst* persönlich an dich wendet, wie ein liebevoller VATER, nicht wie ein Erdenvater, der doch selbst noch alle Fehler des Menschen im Self Consciousness macht und nicht über dieses Level hinausschauen kann. GOTT kennt keine Grenzen. Dieses Phänomen, dass ER sich uns persönlich zuwendet, das ist das grosse Wunder, das ein jeder Mensch zu jeder Zeit IN SICH SELBST (und NUR dort!) erleben kann. Sofern er oder sie das zulässt. Die meisten von uns

---

[15] Mehr dazu in Teil 3 der Schriftenreihe, *Über den Spirituellen LEHRER.*

haben fertig mit Gott, klein geschrieben. Doch das ist die beste Voraussetzung für eine neue, freiere Sicht auf diese erste und wichtigste BEZIEHUNG im Leben eines Menschen.

Es kann dem ewig zweifelnden Verstand helfen, sich GOTT als übergeordnetes Energie-FELD vorzustellen, an dem wir mit unseren kleinen individualisierten Bewusstseinsinseln hängen, tatsächlich wie die einzelnen Reben an einem gewaltigen Weinstock. Niemand von uns lebt von IHM getrennt, denn das ist unmöglich. Es gibt keine zweite Quelle von LEBEN.

Wer sich nicht mit GOTT befassen will, mag weiterhin seine Runden hier unten drehen, derjenige ist vielleicht einfach noch nicht reif für den nächsten Schritt. Das ist ohne Wertung so, wie es ist. Doch wer dieses Buch bis hierher gelesen hat, der hat schon bewiesen, dass es ihn *angeht*.

Der erste Schritt in deiner BEZIEHUNG mit GOTT ist einfach:

Allein sein, dich still hinsetzen und versuchen, wahrzunehmen, dass da ETWAS ist, etwas, das gleichfalls lauscht. Mehr nicht. Beginne damit, jeden Tag eine halbe Stunde, das ist alles. Keine

Gedankenkontrolle, kein Starren in Kerzenflammen, kein Rezitieren von Wörtern oder Sätzen. Nur mit IHM zusammen da sitzen. *Da sein.* Früher oder später wirst du dabei eine simple, fundamentale Erkenntnis haben, die dein Leben für immer verändern wird. Ich schreibe aus eigener Erfahrung.

Dieser GOTT will für dich, dass du erkennst, dass du ewiges LEBEN hast, jetzt bereits HAST, nicht erst bekommst, sondern bereits jetzt Teilhabender an diesem LEBEN bist, an GOTT selbst bist. GOTT *will dich lebend.*

Was geschieht nach dem Erdentod?

Es wurde und wird viel darüber spekuliert, was „danach" wohl geschehen mag, wie es also für das Individuum weitergeht.

Der Mensch im Self Consciousness befürchtet, dass er bei diesem magischen Übergang ausgelöscht wird, da er sich mit seinem Erdenkörper identifiziert. Doch das Individuum dauert fort, und die individuelle SEELE, die Bewusstseins-Rebe aus unserem Beispiel, wird sich einen neuen Körper bauen. Auch verlieren wir natürlich unsere Persona, d.h. die Parameter, die im Personalausweis stehen. Unsere Adresse, unsere Nationalität, unser Geschlecht, unsere Haarfarbe und Augenfarbe, unsere Telefonnummer und Steueridentitätsnummer, denn all das hat vor GOTT keinerlei WERT.

Ich empfehle an dieser Stelle noch einmal die Bücher von Chico Xavier[16], die uns eine Vorstellung davon vermitteln, wie es nach dem Übergang für Menschen im Self Consciousness ablaufen *könnte*. Die Bücher haben viel in meinem inneren Reservoir korrigiert, daher kann ich sie sehr empfehlen. Letztlich bin ich, wie schon gesagt, zu einer anderen Ansicht gekommen. Entscheidend ist in ihnen jedoch der immerwährende Hinweis, dass wir an uns arbeiten müssen, und dass wir nachher exakt da weitermachen, wo wir vor dem „Tod"

---

[16] Nosso Lar - Unser Heim, aufgeschrieben von Francisco Candido Xavier, Hrsg. EDICEI Europe GmbH, 2008, Film: Astral City - Unser Heim, Studio: KSM GmbH (2010),

Die Boten. Das Leben in der spirituellen Welt - aufgeschrieben von Francisco Candido Xavier, Hrsg. Internationaler Spiritistischer Rat, 2009 - Fortsetzung zu Nosso Lar (Das Original erschien 1944.)

bewusstseinstechnisch gestanden haben. Gezeigt wird in diesen Büchern eine Art Zwischenzone („Nosso Lar") zwischen den notwendigen Reinkarnationen. Niemand von uns jetzt hier auf der Erde Lebenden weiss das *aus eigener Erfahrung*, daher können wir alle nur spekulieren. (Auch sog. Nahtoderlebnisse und Rückführungen finden nur innerhalb des Self Consciousness statt und tragen daher meiner Ansicht nach *nicht* zur Wahrheitsfindung bei.)

Könnte es für jemanden von Interesse sein, uns Menschen im Kleindenken des Self Consciousness festzuhalten? Offenbar ja, denn warum sonst sollte seit Urzeiten so vehement gegen anderslautende, freie Gedanken gekämpft werden? Autoritäten, die verbieten, sie in Frage zu stellen, haben etwas zu verbergen.

Kommen wir noch einmal zu dem einen unerhörten Beispiel, das uns Jesus, der CHRISTUS-Mensch gegeben hat. Er war nicht das einzige Beispiel auf Erden, doch sicherlich das spektakulärste von allen.

Was ist ein CHRISTUS-Mensch?

Der CHRISTUS ist, so schreibt Ruby Nelson sinngemäss, der in einem jeden von uns eingeprägte ideale, vollbewusste Mensch, den zu entwickeln wir alle aufgerufen sind. Es ist der innere Schmetterling, und jeder Mensch im Self Consciousness ist (noch) eine Raupe. Wer noch nie einen Schmetterling gesehen hat, würde nie wissen, was aus einer schlichten, kriechenden Raupe werden kann: ein Wesen, so Ruby Nelson, das einer ganz neuen Dimension angehört und *fliegt.* Jesus ist dieser menschliche Schmetterling, den die institutionalisierte römische Kirche eilig für ihre Zwecke gekidnappt und in einem Schaukasten aufgespiesst hat, wobei sie steif und fest behauptet, Er sei *der Einzige,* dem das je gelingen würde. Doch Er selbst hat es ganz anders dargestellt. Wir alle sind von GOTT aufgerufen, zu fliegen. Ein jeder von uns soll eines Tages auf GOTTES Frage: *Wer bist du?* antworten: Ich bin CHRISTUS. Nicht aus Grössenwahn heraus, sondern aus der natürlichen Tatsache heraus, sich dorthin ent-wickelt zu haben.

„Jesus", der CHRISTUS-Mensch kam aus dem Höheren Bewusstsein hierher auf diese Erde, hinunter ins Self Consciousness, woher genau, das wissen wir nicht. Es muss Orte im Universum geben, die die Menschen, die das Cosmic Consciousness dauerhaft erreicht haben, bewohnen können. Andere Menschheiten, zusammengesetzt aus solchen Menschen, die das Self Consciousness längst hinter sich gelassen haben. Von dieser Ebene kommen zweifellos auch die LEHRER.[17]

Er kam also hierher, um uns etwas über das Leben in der Höheren Dimension zu erzählen, uns dies vorzumachen, leibhaftig zu *zeigen*, wie es sein kann und soll, für jeden von uns, wenn wir nur GLAUBEN, bzw. VERTRAUEN. Das heisst: Wenn wir unser inneres Reservoir der Annahmen, wie die Welt ist, mit korrekten Inhalten bestücken und den alten Mist ausräumen und wegwerfen. Die institutionalisierte Kirche betont stattdessen das Leiden Christi, den schrecklichen unmenschlichen Teil der Geschichte (egal ob tatsächlich so geschehen oder nicht). Ego muss an das Leiden gefesselt werden, damit es nicht entkommt. Jesus IST durch VERTRAUEN entkommen, allen Massnahmen der Egos zum Trotz. Uns wurde durch Sein leibhaftiges Beispiel eine ewig gültige Anleitung geschrieben, wie der WEG in ein Höheres Bewusstsein verläuft, doch die Programmierungen aus der Welt des Self

---

[17] Vgl. das Buch aus dieser Reihe: Über den Spirituellen LEHRER

Consciousness haben sie uns eiligst madig gemacht: Was die sog. Bibel für ein wahnsinnig geniales Buch ist, begreift nur der, der sich bereits auf den WEG gemacht hat und sie daher mit anderen Augen liest.

SPIRITUALITÄT hat nichts mit Religion zu tun, die von alten verstaubten Regeln vorzeitiger Männer beherrscht wird, den alten überkommenen patriarchalischen Strukturen derer folgend, die ein Interesse daran haben, uns im Self Consciousness festzuhalten. Die Hintergründe dafür zu erörtern ist jedoch nicht Zweck dieses Büchleins. SPIRITUALITÄT ist auch nicht das, was wir heutzutage in der Mainstreamesoterik vorfinden, die der Menschheit einen Bärendienst erweist, indem sie spirituelle Inhalte mit marktwirtschaftlichen Methoden verhökert und den Menschen ebenso im Self Consciousness festhält, denn sie braucht gleichfalls keinen GOTT.

Der Mensch ist von GOTT abhängig, und wer das leugnet, wird nicht weit kommen. *Ich aus mir selbst heraus kann nichts bewirken, GOTT ist der, der alles bewirkt.*[18] Wer diesen Grundsatz leugnet, macht

---

[18] Vgl. Ruby Nelsons Buch

sich selbst zu einem Gott: Und genau das ist der Kern des Self Consciousness. Ego wähnt sich von GOTT unabhängig wie ein trotziger Dreijähriger, doch das KIND ist von GOTT abhängig, wie die Reben am Weinstock. Nicht aus einem Dominanzanspruch GOTTES heraus, sondern weil das die Natur der Dinge ist, so ist WIRKLICHKEIT beschaffen. Der Mensch im Ego-Bewusstsein hat daraus Machtansprüche fehldenkender Eltern über ihre Kinder abgeleitet und damit viel unnützes Leid provoziert.

Sobald der Mensch spirituell erwachsen wird, d.h. ins Cosmic Consciousness Einlass gefunden hat, erkennt er seine wahre Natur: seine innerste Identität mit BEWUSSTSEIN, mit GOTT. Der Mensch in den Kinderschuhen des Self Consciousness interpretiert das wiederum aus seiner eingeschränkten Sicht und hält *sich selbst* für einen Gott. Doch GOTT wird der Mensch niemals sein.

GOTT ist viel mehr als die Summe seiner Teile. Wer im Cosmic Consciousness angelangt ist, hat kein Interesse mehr daran, allmächtig sein zu wollen. Er lebt in der glücklichen HINGABE an seinen GOTT und muss nichts mehr kontrollieren, steuern oder beherrschen. GOTT wirkt durch ihn zum Besten für sein Dasein und zum DIENST an allen anderen. Suchet zuerst das Königreich GOTTES (das Cosmic Consciousness), dann wird euch der Rest hinzugetan (derjenige hat ausgesorgt).[19] Sorgen sind ein Zeichen, dass GOTT an dieser Stelle noch nicht vertraut wird.

Synonyme für GOTT sind LIEBE FRIEDEN GLÜCK FREIHEIT, ... - die kleineren Varianten davon sind auf Erden im Egobewusstsein temporär erfahrbar. Wer sie auf ewig in voller Ausprägung erfahren will, muss seinen bisherigen, niedrigen Bewusstheitsstand verlassen. Dann ist er oder sie ein CHRISTUS-Mensch. Derjenige kann sich den Umweg über den Körpertod mit Reinkarnation für alle Zukunft sparen.

Jeder Mensch im Self Consciousness darf glauben, was er oder sie will, auch du, lieber Leser, liebe Leserin. Doch musst du auch die Konsequenzen, sprich: die anschliessende Manifestation deines Glaubens, bzw. Vertrauens, tragen. Leiden ist freiwillig, auch wenn Ego das nicht wahr haben möchte. Der Mensch ist kein Opfer, sondern ein Manifestierer.

---

[19] Vgl. Matthäus 6:33

Nicht die Dinge müssen verändert werden, sondern *das Bewusstsein* über die Dinge.

Schreib an: cosmicsense@online.de